봄 봄

심지시선 013

봄 봄

2011년 10월 5일 초판 1쇄 발행

지은이 채명룡
펴낸이 윤영진
편 집 함순례
디자인 한천규 이경훈
펴낸곳 도서출판 심지
등록 제 253호
주소 300-812 대전광역시 동구 삼성동 125-2 4층
전화 042 635 9942
팩스 042 635 9941
전자우편 simji42@hanmail.net

ISBN 978-89-6627-013-2 03810

* 저자와의 협의에 의해 인지를 생략합니다
* 이 책은 2011년 전라북도 문화예술진흥기금을 받았습니다.

심지시선 013

봄 봄

채명룡 시집

심지

□ 시인의 말

굴곡 없는 인생이 있으랴만 요즘 나는 괴롭다.
할 말은 많지만 아껴서 써야 한다.
기본을 지킨다는 게 참 어렵다.
시를 쓰는 일도 그렇다. 그래서 이번 작품집은 절제하려고 했다. 쉽게 읽히는 시를 쓰려고 했지만 다시 보니 어려운 말이 많다.
풀리지 않는 숙제다.

내 눈을 통해 들어온 세상.
내 편한 데로 바라보고 단정 짓지나 않았는지 모르겠다.
따뜻한 눈을 갖는 일. 기꺼이 한쪽 어깨를 내주는 일.
주저하지 말아야겠다.

나는 떠나가고 돌아오는 길에 서 있을 것이다.
그 곳에서 다시 사람들을 만날 것이다.

2011년 가을

채명룡

차례

제2부 산다는 건 중심을 잡는 일

제3부 느리게 지나가는 시간의 뒤안

제4부 의식하지 않는 그리움

제5부 나를 찾아 떠나는 길

제1부
내 안의 나에게

슬레이트 지붕 아래에서

파란 많은 세상 아래
가슴에 열꽃이 펴야 비산하는
슬레이트의 열정을 보아라

쓸 때와 버릴 때
먼지 뚫고 쌓이던 간절한 이야기들이
윗목에 모여 단순한 햇살이 되었구나.

그래, 무엇이 된들 어떠랴
너희들의 온기가 되고 외투가 되고,
이렇게 석면 가루를 감기약처럼 넘기며
먼지로라도 남겨질 수 있다면.

나는 여기 지붕 아래에 서 있을 터이니
내 영혼은 반디처럼 어둠을 떠돌 것이니

가로등

산다는 건 뒤쪽을 돌아보는 일이다.
가슴 안쪽 눈길 주면
한 계단씩 깊숙이 내려앉은
굴곡 많은 언덕 길
슬픈 이야기를 물고 있던
이 골목 한 켠에선
길고 짧은 가로등 밝기에 맞춰
어제 같은 오늘이 몸을 털고 있다.

스치는 바람일지도 몰라
대문 밖 모로 핀 질경이
곧게 펴서 바닥에 눕혀 놓고
긴 밤, 어둠에 묻혀 있던
가로등의 비애.

물 속의 예수

붉게 물든 밤보다
깊은 반성의 물음을 던지던
내 안의 십자가여
보이지 않아도 밤을 밝히는
물 속에 내려앉은 예수여

저 빛나는 상실의 시대를 보아라

그리하여 물 속의 예수여
어둠을 더욱 깊은 어둠으로 물들여
내 안이 또다시 어둡이지 않게

어둠을 깨우는 들판

검게 탄 낱알 몇이서
수확을 그리던 논길을 걷는다.

몇 마지기의 양식을 말렸을까
등록금도 되지 못한 주장들이
생강 안개처럼 흩어졌다.

짚풀이면 어떠랴
소여물 엮는 들판에선
공룡알같은 새벽이 둘둘 말리고

뼛 속 비치는 하루를 내놓고
평생 빛뿐인 어둠을 짓는 외침들이
홀로 잠든 들녘 깨우고 있다.

선고

더 이상 살 수 없다고
그 이파리는 고개를 꺾은 것이다.
아, 숨 쉬기도 슬픈 나무여
생각 많은 가지를 말아 올리던
발끝에 머물던 억새 숲이여

놓칠까 두려운 건
한 줌의 숨결,
눈만 뜨면 날아들던 생생한 날들이
옥산수원지 오솔길로 떨어지고 있다.

슬며시 손 내밀던 너의 뿌리가
내 몸 위로 달라붙었으니
그렇구나, 이유도 많은 선고.

산말랭이 단칸방에서

밥알보다 많은 풀벌레들이
빈 자리 많은 밥상에 끼어들었다.

달빛에 달라붙은 허허로운 날들
보라색 창가에 엉겨 붙은
영혼의 들녘 같은 런닝구 한 장

문간방 열면 우수수 떨어지던
새까만 식구(食口)들,
월명동 말랭이는
슬픔보다 현실이 더 기막히다.

구두 수선집

새침한 봄볕이 문 밖에 앉았구나.
한 땀, 한 땀 우직하게
생계를 꿰매는 이들이
전선처럼 늘어진 미원동 구두 수선집
날품을 팔던 시간들이
생각 많은 샤시창에 걸려 있다.

산다는 건 힘겨운 이들에게
선뜻 손을 내주는 일
기도하듯 몇 푼의 삯으로 드나들지만
내일은 언제나 휘어진 등만큼 멀다.

간벌

사는 게 막막할 때
휘 휘 늘어져 자태 고운 나무에게
살아남는 법을 묻는다.
숙명처럼 홀로 가는 저 산
그리움이 흐드러진 비탈길에
목숨 줄 노란 선명한 관계를 그어놓고
베면 겹쳐질 일이라
하늘은 푸른빛만 더하고 있구나.

두 눈의 넓이로 드나드는 세상
삶과 죽음의 사이에서
가만히 들여다보던 한 그루 나무여.

노안

길게 뻗으면 닿을 것 같아.
시누대 잎 새침한 오후
늘어지게 걸린 흐린 날의 기억처럼
오르면 곧 내리막이던 세상 길
가까이서 들여다볼 때
내 안에 쏙 들어오는 날
아, 초승달같이 부끄럽던 그 날들

안쪽부터 들창 세우고
이제 가면 오지 마.
남은 시력 모아 가는 길
댓길 밖 빛살들이 머무는
저 강변의 가을 길.

배롱나무의 꿈

내 살갗 한 겹씩 벗겨
이제 나를 보여주마.
달무리 희미한 울안
늘 알몸을 요구하던 그대여
대못으로 가슴에 새긴 내 오랜 기다림은
옷 한 벌 입어봤으면

험한 바람이
미끈한 살갗에 붙은 생각들을
멀리 떨쳐내고 있다.

티파니 수선집

바람이 날린다.
바짓단을 낼 때, 재봉틀에 앉은 섬세한 손길이
먼지되어 앉은 시간의 흔적을
한 단씩 펼치고 있다.

험한 날 자르고 재단하는
속 깊은 그녀의 손길에
비틀게 살아 온 날들이 살짝 덮여졌다.

가려지는 건 그 옷만이 아니다.
발판 아래 깊이 자리 잡은
침묵보다 막막했던 외진 귀가 길, 그리고
색색의 틀실을 걸친 내 자화상이
형광빛처럼 깊이 스며들고 있다.

공중전화

그리움은 파장이 깊다.
건네지 못한 이야기를 창에 그리던 밤
입김에 서린 밀어처럼
너는 슬며시 얼굴 비비고 있구나.

수화기 너머 그리운 이여
외로움은 외면해야 깊어지느니
끊고 이어주던 단순한 관계를 지나
나는 새벽처럼 돋아나는 문자가 되고 싶었다.

스티커가 붉게 물들어 가듯
부스 안의 흔적들이 우 우
빌딩 깊이 별되어 떨어지던 그날 밤
밤 지샌 단풍잎이
내 품에 수북이 쌓여들었다.

제2부
산다는 건 중심을 잡는 일

월하산 마을*

개발의 꿈이 봄볕에 그을려지는
월하산 마을
물때마다 다시 돋아나던
파래같은 지난날이 기지개를 켜고 있다.

뱃일이야 벗어나리라 주먹 불끈 쥐던
마른 기침 소리같은 갈밭에선
추억에 잠긴 조각배 몇 척
홀로 익어가고 있다.

눌러 앉자 물꽃을 피우던 갯가
붉게 물든 청사진을 쪼으던 새 떼와
집게무리를 좇던 아이들만
별 헤던 날을 그리고 있다.

* 새만금 방조제 안쪽의 작은 포구 마을

赤旗 1

— 하제 포구에서

폐항이 정해진 포구
국기처럼 흔들리는 붉은 깃발
발목 묶인 이 깃발이 오르면
선창에는 전운이 돌았다.

더 이상 물질 나갈 수 없다는
엄숙한 계율의 붉은 깃발
세대를 거슬러 오금이 저리던 고동 소리
갑판을 돌아 출항을 부추기고 있다.

산물 가격에 발 묶인
새까맣게 탄 날품 어부들과
핑계 김에 팽개친 어구들과
안동네부터 줄지어 선 호시절이
늘그막 고생처럼 늘어져 있었다.

수더분한 아줌마와 노인 몇이
질기게 끌어 온 그 험한 그물 쓰다듬고 있다.

이 깃발 내리면 물질 나가야 한다며
칼칼한 눈빛의 사내들이
목구멍으로 쓴물 넘기고 있다.

한 떼의 바람이 붉은 바다를 끌고 나왔다.

赤旗 2
— 오상의 계

행색 초라하다 내려 보지 말라.
사람 일이란 찰나 이느니.
이 시련의 자갈길을 몰아서 넘다보면,
접신이 내리던 날
문밖 아득한 빌딩 높이로 세우던 붉은 깃발
손꼽아 고대하던 서낭기처럼
휘휘 바람대로 날리는 그날이 다가오리니.
이제 서럽다 울지 말라.

정해진 결과라고 무릎 굽히지 말라.
혼곤히 잠든 성황당 돌탑
손 모으던 중심도 어느 서북풍에 무너지느니
안개 속 보이지 않는다고 안달하지 말라.
너희들의 주린 배가 곁눈으로 쏘아보던
저 쓰라린 선입견을 몰아 담을 때까지.

대문 밖 자태 곱게 걸린 赤旗,
그날을 꼽아가며 흔들릴 수 있도록.

그리하여 오상의 계여, 서낭기 휘휘 날리는 날
밑바닥 인생들이 손등 찍어가며 그려온
하나의 결과이려니. 그들만의 희망법이려니.
바람의 깊이로 흔들리는
깃발색이 더욱 붉게 물들 수 있도록.

붉은 집게 게

누군들 제 집 떠나는 일이 쉽기만 하랴만
의식을 치르듯 너희들은
밤새 지친 하루 반으로 접어
새벽 길 보내고 있구나.
내 사랑의 불꽃 같은
붉은 집게를 가진 한 마리 게여,
공격 대형으로 양 팔 높이 들고
주파수 보내느라 바쁜 달덩이 눈알
비비며 굴리며
하루를 반쪽으로 횡단하고 있구나.

달려봐야 게걸음인 너의 눈앞은 꼬부랑 산밭
능선 무덤가로 내몰던 식성과 갈증 위로
게딱지만 한 삶들이 밟혀 죽어가던
시멘트 길, 길 위의 붉은 집게 게
계속될 길이기에, 너에게 묻는다.
길바닥에 깔린 식구들 옆으로 넘으면서
양 눈 번뜩이며 돌아 본 세상

떠날 때 기약은 얻었는가.

횡단해야만 하루가 마감되던
붉은 집게 게의 삼복 길.

짠물의 이유

쓴맛 빠진 소금을 탓하지 말라.
뿌리내리기 사나운 자갈밭
눈물 몇 동이 손아래 가둔 이유를
한 알씩 끌대로 모으는 한낮
들물 때만 자세를 잡고
나는 지천으로 발품을 팔았다.

해묵어야 잘팔리는 잡초 같은 삶의 방식들이
경매장 전표처럼 쓸려 다니다가
햇빛에 염분이 차오르듯
세상 밖으로 떠나가고 있었다.

겨울 금강
— 나포에서

강이 얼어붙는 건
물과 물이 매듭지었다는 뜻이다.
물안개 내리는 겨울 강변을 보라
가라앉은 순백의 등에
서먹했던 관계를 풀어 놓기 바쁘다.
언 강 건너서 너에게 가는 건
비늘처럼 쏟아지는 영하의 현실을 넘어
정직하게 발맞추며 살자는 일.
쩡쩡 울리는 얼음 밑을 가늠할 때
얕은 데서 깊은 쪽으로 얼려가는 거라고
그래서 얼음의 골이, 결빙의 길이
세상 이치처럼 드러난다고 가르치던 그날
길을 가늠하던 햇살 몇 조각
그리고 조으는 갈잎 서넛이
그렇구나
고개를 끄덕였다.

폐항

— 비응도에서

너는 더 이상 내 사랑의 뿌리가 아니다.

낯빛 푸른 어부들
그리고 말목 박힌 서녘 하늘은
늘 선창을 붉게 물들였다.

가슴 깃을 털며 밥상 부풀렸던
몇 마리의 새들
바람의 코를 비비며 먼 길 떠나간다.

그물에 얽힌 간절한 날들과
물때처럼 나거나 돌아왔던
파래 같은 섬은
간신히 뻘밭을 말리고 있다.

해망동 울타리

함석지붕 위로 새벽이 떨어졌다.
노을도 가슴 비운 저 언덕
바닥에 앉아 그립던 날 그물에 엮던
해망동 998번지.
시련처럼 비탈에 흩어졌던 어망들이
시퍼런 동아줄로 묶여 있다.

불길한 안개를 거둬들이며
울타리에 기대 선 팔뚝들이
퍼덕이던 바람의 올을 쓰다듬고 있다.

염전 1

흐르는 게 눈물뿐이랴
바다을 기며 소금 만들던 이야기들이
말라진 포대에 흘러들고 있다.

뿌린 대로 거두리라
몇 줌씩 담아둔 절박했던 순간들이
속살 터지는 내 가슴팍을 헤치고 있다.

저장 창고에 남은 지난날들이
눌러 앉으라 긴 여운을 끌며
남은 수분을 짜내고 있다.

염전 2

새까맣게 타들어가는 소금 내던 길
짠물 든 사내들이 짚단처럼 쓰러져 있다.
거울처럼 맑은 염전에
낮달을 바라보는 아득한 노동의 냄새가
꽃눈이 되어 훨훨 날아다녔다.

붉은 바다를 이고 돌아오는 새 떼와
눈처럼 스러지는 소금밭을 보라

머리끝까지 취기를 올려야
소금밭으로 달려 나가던 근육질의 사내들
삭혀진 소금을 물고 쓰러져 있던
어은동 염전 마을

제3부
느리게 지나가는 시간의 뒤안

열쇠

잠그는 걸 먼저 배우는 아이처럼
언제부턴가 나는 마음을 여는 데 인색했다.

쇠 통에 묶어 놓은 지난날들이
퇴근길 은행잎처럼 휩쓸리고 있다.

지켜야 할 게 많은 세상
살아가는 건 손을 오므리는 일,
그 불변의 사실을 가슴에 새기는 일이다.

붉게 물든 하루를 자물쇠로 채우면서
무엇을 지킬 것인가 곰곰 생각한다.

열차 안에서

이제 떠나면 다시는 오지 마.
고독한 결심이 통로에 서성이는데
다시 오마 굳센 인사말이
속사포처럼 쏟아지고 있다.

난간에 걸린 밤을 거두며
침목처럼 우직한 의자에 남겨진
그리운 얼굴과
맥주 몇 깡통과
땅콩 한 주먹의 정서적 연대를 본다.

거대한 벽이었다.
스텐 가판대에 서서 바라보는
막막한 창밖,
눈빛 번뜩이던
새마을호 혹은 케이티엑스.

* 열차 판매 승무원은 2006년 하반기부터 열차 등급에 관계없이 순환 근무하는 체제로 바뀌었다.

동네 장의사

— 서포에서

살아남은 자들이 문턱에 걸려 있다.
마당에 널린 사금같은 햇살 거두어
걸어 잠근 문 안의 문을 열면
사람 보내는 일이 석관의 치수로 남아
시간의 흔적까지 힘겹게 밀어 내고 있다.
마른 서까래처럼 갈라진 이승과 저승을 향한
산자들의 무서운 행렬,
염습의 길 떠나보내는 의식은
꺼져가는 잉걸의 뒤편에서 뿌리를 드러냈다.
먼저 보낸 이들을 앞뒤 세우고
문틈으로 훔쳐보는 세상
떠나는 이들과 보내는 자들이
작업장 어둠보다 깊은 시련의 손길 흔들며
멀리서 빠져 나가고 있다.

합판공장

편하게 누운 건 화목만이 아니다.
하루를 태워야 밥값을 하는
사람 서넛, 합판 몇 장
살갗 서걱이는 보일러에 얼굴 비비다
저희끼리 편하게 쓰러져있다.

생산일지에 쌓이는 알통 같은 날들은
포르말린 통 속의 미래를 향하여 날아갔다.
안개로 떠도는 내 앞날은
새파란 복장으로 사거리에 서 있다.
이제 남은 일이라야
포장을 뜯어 시간을 재단하거나
일당 육만 원 인생을 프레스에 누르는 일.

공장에 떠도는 먼지 한 점,
바닥에 앉은 세월 한 가닥
모두가 할 말이 많다.
모두가 입을 다물고 살아간다.

학습지 방문 교사

석양을 이고 가는 저녁
집안에는 금방 파도가 밀려온다.
생떼 부리던 엄마의 진도 목표가
별똥처럼 눈에 박혀 있다.
고개 들면 까맣게 익어가는 밤인데
책장 속에 남겨진 아이들이
경쟁하듯 내 어깨위로 우수수 떨어졌다.

내동 앉았던 집 안 바람이
풀썩이는 생활의 깊이로 내려앉아
별빛을 밀어내고 있다.

눈 오는 날

새파란 눈들이
별빛이 되어 쏟아지고 있다.
가게 문턱에 걸린 고단한 하루 위로
동네 아줌마 몇이 종종거리며 지나가고
새벽에 익숙한 아이들 어깨에도
휴식처럼 다북쑥 눈이 내렸다.

미끄럼 타듯 날렵하게 다가서는
이 적막한 세상에서
비틀거려야만 평등한 관계를 맺는 일이라고
그렇게 살아가는 법을 섬세하게 새기는
눈 오는 저녁 무렵

예보따라 들썩이는 긴긴밤
연탄재 깔던 비탈길에도.
그리움처럼 겨울이 깊어지고 있다.

미용실에서

먼지가 되면 어떠랴. 눌러 앉으라던
햇살이 비치는 창가
나는 풀씨처럼 살며시 스며들고 싶었다.
가위 날리던 손길
바닥 쓸던 때의 다짐들이
검은 머리카락 올올이 걸어 나왔다.

수북이 쌓이는 표정 너머
푸르게 멍든 그 시련의 날들은
목련처럼 난감하게 지고 있는데

소파에 쌓인 잡지책을 보며
살아갈 궁리가 제 각각인
그 여자들의 오후가 우수수 쏟아졌다.

별정 우체국

— 성산면에서

좋은 일은 초승달을 타고 온다.
소식이라는 건
시집간 누이의 뒷모습처럼 가슴 아린 일
빈들 홀로 남은 별정 우체국에 가보라.
소식 빠른 부고나 고지서들이
양 손 늘어뜨리고 있다.

답장을 기다리는 건
울리지 않는 전화를 바라보는 일

달빛 휘청거리는 마당에
동동거리던 반쪽짜리 편지 한 통
유산처럼 이리저리 휩쓸리고 있다.

소화전

흐르고 싶은 게 물뿐이랴
불꽃 타오르던 내 가슴을 흘러
이제는 너를 만나고 싶다.

밤꽃 흐드러진 창문 너머로
내 포말의 욕구가 부서지고 있다.

이 곳 벗어나면 피안인데
감시의 눈길 뾰족한 첨탑 안에서
너는 자유로운 영혼의 불씨를 던지고 있구나.

닫혀있으라. 사이렌 잠재우는 이 길목
활활 타올라야 존재의 이유 확실한 관계에서
다행과 불행이 무심히 쓸리고 있다.

솜틀집

이렇게 가슴 시린 날엔
솜 트는 집도 추위를 탑니다.
이불 채비 걱정인 엄마의 한숨이
틀 너머 서리서리 뽑혀 나오는
평화동 솜틀집
솜 틀듯 세상 엮어가는 이 누굴까
겨울처럼 생각이 깊어지는 골목길

헌 이불 뒤집어 새끼들 키워 온
화톳불 옆 이야기들이
솜 깃에 날려가고 있습니다.

點字, 세상 밖으로

점점이 들어앉은 이야기들이 고개를 쳐들었다.
의식보다 앞서가는 손끝에서는
안 보여 깊어지는 의문들이 우뚝 우뚝 서 있다.

안팎으로 이어진 책장 넘기면
파란 많은 세상이 달려 나온다.
슬픔이 얼굴을 내밀더니, 순간
옹골진 소설 속 장면들이 날아다녔다.

삐걱이는 지하철 안쪽
열차 칸 넘나들던 녀석이
보도 귀퉁이처럼 외진 책갈피에 끼어들었다.

건들면 시들어질 세상
손 끝 모아 더듬어 가던 그는
풀꽃 같은 그 소리들을
하나씩 점자로 새기고 있다.

제4부
의식하지 않는 그리움

면회 1

한달음에 달려온 엄니는
몇 주먹의 자유를 훔치던 자식에게
한 뼘씩 자처럼 반듯한 시절을 건넸다.

금방 가버리는 게 시간이란다.
어금니 물고 건네지만
무표정한 회색 담장 안
이들에게 기다림이란 몇 통의 답장이나 될까.

그믐의 깊이로 타버린 가슴속
철장너머 속 터지던 날들이
시멘트 길 위를 태연히 떠다니고 있다.

면회 2

보통이 옷 소포로 받은 점심녘
먼 산 북쪽을 향한 엄니는 돌아올 줄 몰랐다.

잘이사 있겄지 무소식이 희소식이랑게

내동 힘줄을 늘이며 외워댔건만
신발 한 켤레, 겉옷 한 벌 그리고
엄니 걱정 마세요 쪽지 반장.

짚단처럼 무너져 내린다.

내일은 내 기어이 가마.
엄마의 다짐이 콩깍지 터지듯
군불 지피던 아궁이를 쏘아댔다.

낱알 줍는 일

— 미장동 들판에서

가을이 바싹 익어가는 한낮,
꿈을 뿌리던 씨알들이
아슬히 들판을 떠났다.
왼손의 살점을 벗겨내야만
하루해가 영글어 갔다.
쓰러지는 건 이삭만이 아니었다.
낱알 주우며 몸빼 속 드나들던
엄니의 기막힌 시절이
비닐포대에 담겨지고 있다.

들길에 앉은 새까맣게 익은 얼굴들과
풀씨 같은 인생들이
소란스런 수습을 가만히 지켜보고 있다.

안개

집을 나설 때
귀가를 먼저 생각하는
새벽 병실은 걱정이 많다.
동면같은 잠을 풀고
팔뚝에 매달린 링거를 쓸어내리면
누가 아픈것인지 모두 희미해졌다.
뜨거운 조영제가 확 퍼져 나가자
수런대던 관계가 안개로 스며들었고
모니터에 자리한 불편한 날들이
드러나지 않는 내 안의 적을 찾아
그것 보라 쏟아져 내렸다.
문밖 세상이
서걱 서걱 밝혀 나왔다.

막차 안에서 1

밤길 흔들어 가던 막차
승객 두엇, 그리고 힘 풀린 바닥
출렁이는 피로를 입에 문
생선 아줌마 한 분
마지막 한 계단을 힘겹게 올라섰다.

입술 깨물던 순간들과
이불 속까지 따라오던 비린내까지
서너 푼에 넘기고
숙명을 이듯 자식들까지 함지박에 담았던 그

시들어버린 하루를 빈 전대에 가득 담고
먹물 같은 창에 기대
끄덕 끄덕 빈집으로 돌아가는
엄니의 귀가 길.

막차 안에서 2

막 버스 일생이 차안 가득
짠내 날리고 있었다.
소금기 배어나던 반나절과
출입문에 붙은 고단한 표정이 난감하다.

운전수 옆자리가 따뜻하던 시절
그늘같이 어두운 눈총을
뒤꼭지로 받아 넘기던 그날들.

졸음이 눈 흘기는 밤 11시 버스 안
먹이를 주듯 집으로 돌아가는
보름달만 한 엄니의 얼굴이
창문에 겹쳐 흔들리고 있었다.

봄 봄 1

— 옥산 수원지에서

햇살이 가지에 앉았습니다.
안쪽의 일이란
늘 살펴보아야 알아집니다만
씨눈을 보며
속살 여물게 준비했다는 걸 깨닫습니다.
누가 보지 않아도
가지를 타고 오르는 봄을 향하여
그것들을 하나씩 펼쳐듭니다.

물오른 날
덤불숲을 한발씩 헤쳐 가던 그날
내내 품었던 이파리를 건네던 어느 날.
가슴 온기 식을까
두 손에 받쳐 드는 봄.

봄 봄 2

— 은파 유원지에서

한 마리 새가 날아들었습니다.
창에 비친 나를 향해
당신을 사랑해 하며 날아들었습니다.
그리운 이를 비추던
아, 화살 맞은 봄날이여
유리창을 향하여 온몸을 던지던 내 사랑이여
창 너머 너에게 보낸
내 눈길이 벌써 몇 번인데
그리움을 접어 세월 속으로 보내는
할머니 한 분
거울 같은 창과 새의 주검 사이에서
올해 벌써 두 번째라고 수심이 가득합니다.

움직이지도 않던 바람이
슬며시 불어왔습니다.

신태인에서

— 정열 시인

대문 밖 앙상한 대추나무
가뭄에 갈라진 논바닥처럼
옹이와 매듭으로 꼬여있다.

한 독의 술과
한 상의 삶과
가지 많은 인생까지 차려진
그날, 그 집

들풀 냄새 날리던
신태인종고 담장 옆길에
우뚝 서 있던 정열적인 그.

양말바람으로 마중 나왔던
뼈마디가 나무같던 시인.

여름 감나무

— 이병훈 시인

늦더위 풀린 손바닥 정원 왼편
갈래 길처럼 늘어진 나무 한 그루
내 살아온 날만 같아
나뭇결 기대 앞날 걸었을
송충이도 살길 바쁜 정오쯤
땡감 몇이서 눈을 맞춘다.
찾는 게 벌레뿐이니 솔찬이 귀찮여
팔십 줄 시인의 손에 녹슨 부엌칼이 들리고
사연 많은 한 생애가 싹뚝 잘려 나간다.

밑둥치에 자리 잡은
소복한 눈과 홍시 몇 개
홀로 그려보던 감나무 닮은 시인.

아내의 새벽 1

— 거리 청소원

간절했던 밤을 쓸어 담는다.

땀에 젖은 골목에는
빨래처럼 우울한 그 누군가의 흔적이
물먹은 박스처럼 늘어져 있다.

모퉁이마다 휩쓸린다고
버려지는 이들을 탓하지 말라

담고 끄는 관계에서
질끈 동여맨 수건에 땀이 배듯
아내의 새벽이 익어가고 있다.

아내의 새벽 2

— 폐기물 적환장에서

숨길 게 많은 골목 안쪽
섬세하게 휘어진 아비의 그림자를 밟고
대비로 쓸린 긴 밤이 수레에 담기고 있다.

숨고 싶은 아이들과
이 직업 물려줄 수 없다며 버둥거리는
아내의 새벽이 다가섰다.

부부의 작업 방식이란
정지된 세상 거슬러 슬픔의 안쪽 훔쳐보는 일.
볼 때마다 서러운 언덕길
어른 둘에 아이 하나
먼지처럼 흔들리는 가족사를 밀고 간다.

담고 담아도
시간은 늘 저만치 앞서갔다.

제5부
나를 찾아 떠나는 길

들까마귀

누가 말하지 않아도 그들은
내 마음속을 들여다 본 것이다.
올 때와 갈 때를 분명히 갈라놓던
저 들판의 까마귀들아

작년 이맘 때 돌을 겨누어도
멀쩡하게 바라보던 너희들인데
그렇게 한 해 건너 내린 들판
나는 다시 돌을 들었지.

별 놈 다보겠다고,
가슴에 불꽃이 탄다고
눈치보다 빠른 본능이 깍깍대던
저녁 무렵의 저 들판.

어느 연변 처녀의 사랑법

단 한 번의 만남,
찻집 고즈넉한 소파에 묻혀
그녀는 인생을 건다.
여기서 밀리면 천길 벼랑
아버지의 뭉개진 손톱과
걸레 속 같은 엄마의 가슴 한쪽
내가 대신할 수 있다면

그래 누군들 어떠랴
이 한철 나야만 한다면.
풀씨 같은 희망이면 어떠랴
그 남자의 여자라고 쓴 서약서만 있다면.

압록강에서

언니는 북풍이 되어 돌아왔다.
남은 식구나 배부를까
연변으로 떠돈 게 몇 년인데
가슴 아린 동생을 떼어놓고
돌아온다던 약속은 등짐이 되었다.
억세 바람이 우 우 일어서는
겯눈이 지천인 북쪽 마을
연기처럼 날렵한 사내들이 요란하다.
먼 길 떠난 아이들과
어둠에 묻힌 식구들 소식이
투덜거리는 화물차에 실려 왔다.

가랑이 벌린 강둑
그리고 좀 쑤신 바람들
긴 이야기가 되기엔 사방이 차갑다.

윤동주
— 길림성 생가에서

그랬구나. 별밤 너의 사랑은
침묵이 깊이 쌓인 산마루나
무리로 일어서는 새벽 들판을
질러가고 있었구나.

박달나무 잎사귀 무성한 능선
날선 시대의 이념을 넘어
한밤중도 숨 고르는 숲 속,

저기서 꼿꼿이 허리 펴는
굴뚝의 연기처럼 그렇게
별 헤던 삶을 이어가고 있구나.

손맛

양념이야 자식 키운 까만 손바닥
억새처럼 기울여 손놀림 몇 번.
묵은지 군내 없애는덴 밀죽이 그만여
수런대는 문답의 뒤 안에
장독 몇이 햇볕에 익어가고 있었다.

살다 살다 음식허는 법도 잃어번져야
먹통 전화기 옆
찢어진 종이 한 장,

꽤 한수깔반 마련 버섯 한주먹 고사리 쪼금
뽀가서 노코
미구락지 쌈아 채로 거러서 밀가루 약간
끄리다가 고추가루 양념 마늘 넣고
불 약하게 그리고
모도다 넣고 푸허게 끄린다.

엄니의 추어탕이었다.

들불

사는 이치가 그렇듯이
북녘 밥 짓는 연기도
언제나 낮은 쪽으로 흘러갑니다.
식구들 불러 모으던 그 연기 따라
침묵하는 시간이 고여 있습니다.
이유가 많은 들풀
들소처럼 우 우 강을 건너던
누이의 머릿결 같은 불씨를 나릅니다.

들불은 그냥 타는 게 아니라
가로막힌 강둑
그리고 꽃제비 형제들
목숨까지 나르고 있었습니다.

모래

자유의 향기 가득한
타클라마칸 사막 한가운데에서는
욕심 부리지 말라
부족해야만 흘리지 않느니
알알이 영글어 가는 부정의 소리를
반상에 올리며 너는
비비꼬이는 영근 햇살이 되었지.
움켜쥐어 보라
남은 허무의 안팎을 휘돌아 보라
어디였던가, 그대 가야할 길이
비탈에 기댄 이유 많은 모래에게 묻는다.
땀에 절은 한낮과
고개 끄덕이던 불혹의 언저리에서
손을 펴야 사는 이유를 알았는가.

따이공

눈물을 슬픔이라 하지 말자.
바람도 출입증 달고 넘나들던
흔들리는 세상 속으로
깜깜한 내일은 시련을 감추고 있으니

잡아야만 살아가는 이유가 되는 너희들은
숨겨놓은 보퉁이 풀어 헤치고,
들깨처럼 자지러지는 생존방식까지
길바닥에 늘어놓고 있구나.

그렇구나. 눈물 흘릴 수 있다는 것도
그들의 의지에 달린 것.
나에겐 보따리가 털릴 때
그것이 가장 큰 슬픔이었다.

이제 울지 말자. 보따리상인
슬픔은 정기선 한쪽
그대의 방에 동아줄로 묶어 놓고
한 걸음씩 한 걸음씩

가난이 공평한 잣대를 댈 수 있을 때까지.

산밭

한 밤의 행적은 산속이 더 선명하다.
같은 하늘 아래
그믐밤보다 깊은 돌담을 치며
떨어지는 잎사귀에도 놀라는 내 의식의 밭과
쑥물 든 아이들 머리 위로
성급하게 떠오르던 낮달과
함께 건너야 할 밤의 매듭을 보라

곱은 손 호호 불며
군데 군데 이념의 돌무더기를 쌓던 이여
밤새 산밭을 갈며
어서 오라 품을 열던 이여
울타리처럼 억센 이 산 너머
스며서 함께 가야 할 어둠의 자갈밭이여

변경에서

개미처럼 걸어서 걸어서
불안한 밤을 새웠던 변경 아이들이
내 어깨 위에서 펄럭이고 있구나.

수건 짜듯 한낮을 털어 낸다고
쉽게 보지 말라.
긴 밤 넘보며, 새벽을 훔치며
바닥에 널린 이야기들이 먼지처럼 쓸리고 있다.

지친 표정인 낮달 아래
부풀어 오른 몇 주먹의 양식과
강너머 밀밭을 향한 일손들이
자갈처럼 잘게 부서지고 있다

실낱 같은 침묵의 강가
긴 한숨을 풀어내는 압록에서
바람은 흔들리기 위해서 흔들린다.

해설

명제의 시와 직유의 시인

노용무(시인, 문학박사)

1.

첫번째 시집이 나온 지 몇 년이 흘렀다. 그때 그 시절 시인의 모습은 시장 안에서 혹은 밖에서 시장과 시장 사람들을 응시하면서 사연 많은 시장 통신을 주재하던 기자였다. 과연 시장 밖으로 나온 시인의 행보는 어떻게 바뀌었을까, 따뜻하고 정감어린 시선으로 시장 곳곳을 누비던 그의 발자취가 어느 곳 어떤 시적 대상을 형상화했을까, 살아감이 그리 녹녹치 못한 현실을 작품에 그려내는 시작(詩作)풍경은 어떨까 등등 이번 시집을 읽어내려 가며 해소해야 했던 궁금함이었다.

과연 시장 밖으로 나온 세계는 시장 안의 세계와 견주어 살만한 동네일까. 첫 시집에서 명명했던 인간 사이의 시학

이 인간과 인간 또는 인간과 사물 그리고 시적 주체와 시적 대상 그 사이의 거리가 어찌되었을까. 이제 그의 시를 찬찬히 읽어 보자.

2.

가장 두드러지는 시작의 변화는 시가 짧아졌다는 사실이다. 장형 서정시에서 단형 서정시로의 이동은 단순히 작품의 분량만이 적어졌다는 것 외에 시인의 호흡이 짧아졌다는 의미이기도 하다. 첫번째 시집인 『시장소식』의 경우, 한 쪽을 넘어 두 쪽으로 이어지는 긴 작품이 마치 단편서사시인양 자주 보였던 반면, 이번 시집의 경우는 전체적으로 두 쪽에 걸쳐 있는 작품이 몇 편 없을 정도로 길이가 줄었다. 그만큼 시적 대상을 향한 형상화의 욕망이 그 완급을 조절하게 되면서 시적 형식과 내용의 거리두기를 통해 서정 장르의 핵심인 '함축성'을 더욱 다듬을 수 있게 되었다는 말이다.

보통 시적 주체가 시적 대상에 대한 형상화의 욕망이 강하면 강할수록 혹은 더욱 많은 시어를 내밀며 보다 더 좋은 작품을 생산하고자 하는 의욕이 넘칠 때 시의 길이는 자연스레 길어진다. 그러나 서정 장르가 지닌 서정의 힘은 시의 길이와 비례하지 않는다. 시의 길고 짧음에 관계없이 한 편의 작품에 녹아든 시인의 정서가 집중적이고 초점화된 시적 맥락을 형성할 때 독자는 그 속에 빠져든다. 이를 일컬어 카타르시스라고 하지 않던가.

너는 더 이상 내 사랑의 뿌리가 아니다.

낮빛 푸른 어부들
그리고 말목 박힌 서녘 하늘은
늘 선창을 붉게 물들였다.

가슴 깃을 털며 밥상 부풀렸던
몇 마리의 새들
바람의 코를 비비며 먼 길 떠나간다.

그물에 얽힌 간절한 날들과
물때처럼 나거나 돌아왔던
파래 같은 섬은
간신히 뻘밭을 말리고 있다.

—「폐항 —비응도에서」 전문

세계 최장 33km 기네스 등재, 한반도의 대역사, 대한민

국의 꿈 등등 새만금에 대한 찬사가 도를 넘어 어느덧 현대의 신화나 종교적 차원에 이르고 있는 지금. 새만금에 대한 찬반양론이 첨예하게 대립했던 시설이 언제 있었냐는 듯 새만금은 당당하게 군산에서 부안에 이르는 바닷길을 갈랐다. 새만금을 찬양하는 시들이 넘쳐났다. 새만금은 군산이나 김제 그리고 부안 등 전라북도 아니 대한민국 전체의 행복의 지표로 예술가의 형상화 대상으로 떠올랐다. 각종 대회가 새만금 주변에 개최되었고 희망의 시어와 욕망의 멜로디가 자본주의의 바벨탑을 더욱 공고히 하며 갯바람에 흩날리고 있다. 그러나 시인은 이를 단호히 거부하고 있다.

서녘 하늘은 늘 선창을 붉게 물들이듯 오늘도 그럴 것이다. 이미 비응도의 바닷가 새들은 떠났다. '그물에 얽힌 간절한 날들' 그리고 '물때처럼 나거나 돌아왔던' 갯사람의 소망이었던 만선기는 더 이상 바람에 날리지 못하는 섬, 비응도. 그 섬 주변 '간신히 뻘밭을 말리고 있' 지만 곧 모래가 될 것이다. 시인은 구체적이되 장황하지 않고, 지시적이되 정서적이며, 함축적이되 명시적으로 시적 대상을 형상화하고 있다. 새만금의 한 축을 이루는 비응도라는 섬의 지나간 날과 지나갈 날을 시인은 섬을 이루는 석양, 새, 어부, 갯벌이란 객관적 상관물을 통해 그려내고 있다. 그는 새만금에 대한 강력한 부정의 전언을 표면적으로는 말하지 않는다. 그러나 새만금 개발의 이면에 숨겨진, 소외되어가는 타자의 모습을 드러냄으로써 우리는 불편한 진실을 목도하게 된다. 이러한 시적 전언은 "너는 더 이상 내 사랑의 뿌리가 아니다."에 응축하여 명제화 되어 있다.

3.

시가 명제의 형태를 띨 때 일반적으로 담론의 재생산 구조라 명명할 수 있다. 그것은 우리가 혹은 시적 주체가 자신의 내면에서 우러나오는 강력한 욕망의 분출이 아님에도 불구하고 그러한 욕구를 강렬하게 느끼는 것처럼 만드는 것이다. 따라서 명제의 시란 시인의 외부를 둘러싼 현실의 긴박함, 개인적 국면이나 사회적 질서의 당위성 등등이 '무엇(A)은 무엇(B)이다' 라는 등식을 만들고, 무엇(a)이 꼭 혹은 최소한 그것(b)이어야 한다는 신념이나 욕망을 명제화 하는 것이다. 이를 일컬어 푸코는 특정한 진술 유형 · 개념 · 주체가 규칙적으로 나타나는 어떤 체계라 하고, 페쇠는 우리가 무엇을 말할 수 있고 무엇을 말할 수 없게 만드는 체계라고 규정하기도 한다. 또는 라캉의 동일화나 알튀세르의 주체호명이나 호출이론과도 상통한다. 이 시집의 곳곳에 나타난 명제화의 흔적이다.

산다는 건 뒤쪽을 돌아보는 일이다.(「가로등」)

더 이상 살 수 없다고
그 이파리는 고개를 꺾은 것이다.(「선고」)

산다는 건 힘겨운 이들에게
선뜻 손을 내주는 일
기도하듯 몇 푼의 삯으로 드나들지만
내일은 언제나 휘어진 등만큼 멀다(「구두 수선집」)

가려지는 건 그 옷만이 아니다.
발판 아래 깊이 자리 잡은
침묵보다 막막했던 외진 귀가 길, 그리고
색색의 틀실을 걸친 내 자화상이
형광빛처럼 깊이 스며들고 있다.(「티파니 수선집」)

그리움은 파장이 깊다.
건네지 못한 이야기를 창에 그리던 밤
입김에 서린 밀어처럼
너는 슬며시 얼굴 비비고 있구나.(「공중전화」)

쓴맛 빠진 소금을 탓하지 말라.(「짠물의 이유」)

강이 얼어붙는 건
물과 물이 매듭지었다는 뜻이다.(「겨울 금강」)

흐르는 게 눈물뿐이랴(「염전1」)

지켜야할 게 많은 세상
살아가는 건 손을 오므리는 일,
그 불변의 사실을 가슴에 새기는 일이다.(「열쇠」)

답장을 기다리는 건
울리지 않는 전화를 바라보는 일(「별정 우체국」)

부부의 작업 방식이란
정지된 세상 거슬러 슬픔의 안쪽 훔쳐보는 일.(「아내의 새벽2」)

누가 말하지 않아도 그들은
내 마음속을 들여다 본 것이다.(「들 까마귀」)

이러한 현상은 시적 주체가 시적 대상을 향하는 태도와 관련된다. "무엇(A)은 무엇(B)이다"라는 명제에서 '무엇

(A)' 은 객관적 혹은 현상적으로 실재하는 시적 대상일 터이고 '무엇(B)' 은 그것을 바라보는 시인 혹은 시적 주체의 관점이다. 시인은 자신이 형상화하고픈 핵심에 해당하는 무엇(A)에 대한 무엇(B)의 관계를 명제화함으로써 그로인해 파생되는 또 다른 계열체인 무엇(a)은 무엇(b)이고 혹은 무엇(a')은 무엇(b')일 수 있다는 믿음을 독자에게 제시한다. 이때 시인의 믿음 혹은 시적 주체의 시적 대상에 대한 욕망이 너무 강렬하여 독자의 상상력을 제약하는 효과가 나타난다. 즉 무엇은 무엇이어야 한다는 강렬한 믿음은 비슷한 계열체인 a, b 혹은 a', b'의 시적 형상을 창조하지만 독자는 그 이상의 새로운 형상을 생산하기에는 역부족이다.

예를 들면, "산다는 건 뒤쪽을 돌아보는 일이다."(「가로등」)의 경우, 산다는 것은 인생, 삶, 운명 등의 계열체로 분화되고 뒤쪽을 돌아보는 일은 성찰, 고찰, 반성, 회환 등의 카테고리를 형성하게 되는 것이다. 이러한 명제의 시는 시인의 확고한 믿음이 너무 강렬하여 독자를 포함하는 세계와의 교섭이나 소통을 거부하는 시적 전략의 일환이라 할 수 있다. 그러나 완전한 소통의 단절을 의미하지는 않는다. 명제를 구성하는 단계에서 시인은 심각하고도 심오한 성찰의 시간을 갖아야만 가능하기 때문이다. 그것은 자아와 세계의 소통을 통해 세계를 받아들인 시인의 내면적 성찰을 전제하기도 한다.

개발의 꿈이 봄볕에 그을려지는
월하산 마을
물때마다 다시 돋아나던
파래같은 지난날이 기지개를 켜고 있다.

뱃일이야 벗어나리라 주먹 불끈 쥐던
마른 기침소리 같은 갈밭에선
추억에 잠긴 조각배 몇 척
홀로 익어가고 있다.

눌러 앉자 물꽃을 피우던 갯가
붉게 물든 청사진을 쪼으던 새 떼와
집게무리를 좇던 아이들만
별 헤던 날을 그리고 있다.

—「월하산 마을」 전문

시인의 내면적 성찰은 지난하기 그지없다. 누구나가 보고 느낄 수 있는 것을 말하기 보다는 보이지 않고 드러나지 않는 현상의 이면을 직시해야 하기 때문이다. 홍청대던 '개발의 꿈' 은 '뱃일이야 벗어나리라' 는 지긋지긋한 갯마을을 벗어나 도회지로 나갈 수 있다는 소망으로 이어졌을 것이다. 그러나 무수한 방송 매체와 미디어의 언어에 현혹되었음을 안 것은 그리 오랜 시간이 걸리지 않았다. 드러나지 않고 보이지 않는 세계를 감각적으로 드러내야 하는 시인의 형상화 과정은 필연적으로 내면적 성찰을 전제로 하고 이를 두고 내면의 고투라 하지 않던가. 그 내면의 고투가 바로 명제를 구성하는 과정에 해당한다. 글쓰기로 따지면 구상 단계일 것이다.

명제를 구성하는 과정은 시인의 내면화를 통해 나타나기 때문에 시어를 구성하는 이전 단계에 해당한다. 따라서 구상 단계에 해당하는 명제 이전의 단계가 생략되어 명제화되기에 자연스레 시의 분량은 짧아질 수밖에 없고 더욱 함축성을 띨 수 있게 되는 것이다. 「월하산 마을」이나 「폐항—비응도에서」의 경우, 새만금의 개발 이데올로기나 실제적으로 이슈화되었던 첨예한 갈등, 시대의 대역사라 칭할 만한 멋진 이미지 등 시각화할만한 이미지가 도처에 널려 있음에도 불구하고 시인은 자신의 명제를 집요하게 추구한다. 일단 명제가 세워지면 군더더기가 없다. 그것은 시인의 시적 대상을 바라보는 방식이자 기교일 것이다. 이러한 시인의 세상을 향한 믿음을 드러내는 방식이 명제의 시라면 그 구체적인 전략은 직유이다.

4.

일반적으로 우리는 직유를 은유보다 낮은 등급으로 분류한다. 대학의 시론 강의에서 종종 하는 말이지만 수사법 상 무엇이 무엇보다 고급이고 저급이고 하는 등급 구분은 수업의 편의를 위한 방편에 지나지 않는다는 사실이다. 은유를 일컬어 존재나 실재의 의미론적 전이를 이루는 수사적 기교라 한다면 단순히 대상이나 개념을 서로 비교하는 구실이라 칭하는 직유가 은유에 비해 더 약하게 느껴지기도 하다. 그러나 그것은 느낌일 뿐이다.

명제의 시는 일종의 은유이다. 그러나 시인은 직유를 구체적인 수사적 전략으로 채택하여 명제의 시를 보완하거나 강화하는 기제로 사용한다. 이 시집 곳곳에 산포되어 있는 직유의 흔적들이다.

해묵어야 잘 팔리는 잡초 같은 삶의 방식들이
경매장 전표처럼 쓸려 다니다가
햇빛에 염분이 차오르듯
세상 밖으로 떠나가고 있었다.(「짠물의 이유」)

수화기 너머 그리운 이여
외로움은 외면해야 깊어지느니

끊고 이어주던 단순한 관계를 지나

나는 새벽처럼 돋아나는 문자가 되고 싶었다.(「공증전화」)

누군들 제 집 떠나는 일이 쉽기만 하랴만

의식을 치르듯 너희들은

밤새 지친 하루 반으로 접어

새벽 길 보내고 있구나

내 사랑의 불꽃 같은

붉은 집게를 가진 한 마리 게여,(「붉은 집게 게」)

잠그는 걸 먼저 배우는 아이처럼

언제부턴가 나는 마음을 여는 데 인색했다.(「열쇠」)

고개 들면 까맣게 익어가는 밤인데

책장 속에 남겨진 아이들이

경쟁하듯 내 어깨위로 우수수 떨어졌다.(「학습지 방문 교사」)

시인이 간파한 직유의 특성은 실재하는 세계에 대한 새로운 인식보다는 실재하는 사실을 보완하는데 효과적이라는 점이다. 직유는 넓게 보면 문채의 일종이다. 두 가지 사물간의 유사점을 직접적으로 드러내는 전략인 직유는 이질적인 혹은 의미론적 전이를 주축으로 하는 은유와 달리 합리성을 전제한다. 따라서 시인은 합리적이거나 불합리한 현실 혹은 부조리하거나 조리한 세계를 읽어내는 기제로써 직유를 선택한 것이다. 이러한 선택은 명제의 시가 일종의 은유적 성격이라 할 때 상호보족적 역할에 값한다.

예를 들어, "나는 새벽처럼 돋아나는 문자가 되고 싶었다"의 경우, '나는 ―싶었다'의 기본 명제에서 내가 되고 싶은 문자를 수사하는 '새벽처럼'이 문자의 형상화에 기여하면서 시인이 드러내고자하는 문자의 어떤 속성을 한정시키는 것이다. 이러한 기법상의 문제는 톱니바퀴와 나사처럼 맞물려 견고하다. 명제의 시가 은유적, 운문적, 시적, 이상적 속성을 지녔다면 비유적, 산문적, 일상적, 현실적, 정서적인 속성을 기반으로 하는 것이 직유이기에 그러하다. 따라서 명제의 시가 지닌 이상적 속성을 직유를 통해 정서화하는 것이다.

지금까지 시의 서술적 특성을 담론과 수사적 전략이란 측면을 통해 고찰했지만 정작 중요한 것은 그러한 시어의 특질이 드러내는 형상화의 의미나 서정의 폭과 깊이일 것이다.

좋은 일은 초승달을 타고 온다.
소식이라는 건

시집간 누이의 뒷모습처럼 가슴 아린 일
빈들 홀로 남은 별정 우체국에 가보라.
소식 빠른 부고나 고지서들이
양 손 늘어뜨리고 있다.

답장을 기다리는 건
울리지 않는 전화를 바라보는 일

달빛 휘청거리는 마당에
동동거리던 반쪽짜리 편지 한 통
유산처럼 이리저리 휩쓸리고 있다.

—「별정 우체국 —성산면에서」 전문

인용시의 명제는 "답장을 기다리는 건/ 울리지 않는 전화를 바라보는 일" 이다. '답장을 기다림이란 무엇이다' 의 구조는 결국 오지 않는 전화를 바라보는 일과 무엇이 다른가라는 믿음에 기초한 명제이다. 이 자명한 명제 앞에 누가 항변할 수 있을까. 여기에서 시인은 단순히 '무엇은 무엇이다' 라는 명제보다는 '답장' 과 '전화' 를 직접적으로 상관시켜 기다리기와 바라보기로 범주를 확대시킨다.

결국 이 시의 핵심이 '기다림' 혹은 '그리움' 이라면 그 시적 정서의 외연을 확산시켜주는 이미지는 초승달, 시집간 누이, 기다리지 않아도 날라드는 부고와 고지서 등이다. 그러한 이미저리는 웅크리기도 하고 펴기도 하면서 길항관계를 형성하여, 시어 혹은 이미지들의 응축과 확산의 원리를 갖추게 된다. 열고(확산) 닫음(응축)의 변증법, 기다리기와 바라보기의 상관성과 이질성, 빠른 소식과 기다려도 오지 않는 소식 등이 이 작품의 서정의 폭과 깊이를 확보하여, 독자의 심성에 문학적 상상력을 자극하게 된다. 다음의 시에 형상화된 시적 대상인 '가로등' 에 녹아든 '가로등의 비애' 와 '인간이 살아간다는 것' 을 연관시켜 읽어보라.

산다는 건 뒤쪽을 돌아보는 일이다.
가슴 안쪽 눈길 주면
한 계단씩 깊숙이 내려앉은
굴곡 많은 언덕 길
슬픈 이야기를 물고 있던
이 골목 한 켠에선
길고 짧은 가로등 밝기에 맞춰
어제 같은 오늘이 몸을 털고 있다.

스치는 바람일지도 몰라
대문 밖 모로 핀 질경이
곧게 펴서 바닥에 눕혀놓고

긴 밤, 어둠에 묻혀있던

가로등의 비애.

—「가로등」 전문

5.

명제의 시와 수사적 전략으로서의 직유. 엇박자인듯 하면서 조화롭다. 시인이 드러내고자 하는 현실의 제 모습을 언어로써 교직시킨 듯하다. 왜냐하면, 언어는 어떤 형태의 현실 상황에서도 존재론적, 심리적 요인들과 분리될 수 없기에 특히 시의 언어이기에 그렇다.

개미처럼 걸어서 걸어서

불안한 밤을 새웠던 변경 아이들이

내 어깨 위에서 펄럭이고 있구나.

수건 짜듯 한낮을 털어 낸다고

쉽게 보지 말라.

긴 밤 넘보며, 새벽을 훔치며

바닥에 널린 이야기들이 먼지처럼 쓸리고 있다.

지친 표정인 낮달 아래
부풀어 오른 몇 주먹의 양식과
강 너머 밀밭을 향한 일손들이
자갈처럼 잘게 부서지고 있다.

실낱 같은 침묵의 강가
긴 한숨을 풀어내는 압록에서
바람은 흔들리기 위해서 흔들린다.

—「변경에서」 전문

시인은 중국과 북한의 변경지대라는 공간과 남북한의 비극적 역사를 사적인 시간으로 작품을 구조화하고 있다. 시인을 둘러싼 현실적 · 사회적 · 정치적 상황은 그대로 전문화적으로 다가온다. 그를 그이게끔 만드는 결정적 요소는 그 자신의 정체성이리라. 위에 언급한 모든 언어가 어떤 상황에서도 존재론적, 심리적 요인들과 분리될 수 없다는 진리는「변경에서」를 읽어 내려 가는 훌륭한 독법이 될 수 있다.

현실적 시공간과 결부된 심리적 요인이라 바로 연민이다. 그것은 변경지대인 압록강 근처 국경에 살고 있는 '변경 아이들' 을 향한 시선이자 중국과 북한의 경계로 흐르는 '침묵의 강' 을 바라보며 느끼는 감각일 수도, 혹은 '이념의 돌무더기'(「산밭」)를 겪어야 했던 시련이자 '꽃제비 형제들' 이 '목숨까지 나르'(「들불」)는 비참한 삶의 현장을 보아야만 하는 현실이기도 할 것이다. 그 속에 댕그러니 놓인 시인의 감성은 따뜻하지만 통찰력을 지니고 있다. 왜냐하면, 어느 연변 처녀의 사랑법을 "그래 누군들 어떠랴/ 이 한철 나야만 한다면/ 풀씨 같은 희망이면 어떠랴/ 그 남자의 여자라고 쓴 서약서만 있다면"(「어느 연변 처녀의 사랑법」)에서 형상화하고 있듯 그녀의 인생을 하나의 장면을 통해 읽어내지만 그 온기가 너무 따스하기 때문이다.

첫 시집과 이 시집의 간극이 느껴진다. 그 간극을 진보라 하여도, 발전이라 하여도 혹은 퇴보라 하여도 상관없다. 나아감이든 물러섬이든 시인의 내면을 보여주는 것이기에, 거기에는 항상 시인의 현실을 바라보는 관점, 세계를 자신만의 시적 감수성으로 읽어내는 시심이 있기에 그러하다. 다만 경계해야 할 것은 머무름이고 정체고 답보이다. 분명한 사실은 "흐르는게 눈물뿐이랴" 처럼 끝없이 끊임없이 버리고 채우는 '나' 를 찾아가는 풍경의 영사기도 흘러야 한다는 것이리라. 그 흐름의 다음 역, 세 번째 시집이 기다려지는 이유는 너무도 자명하다.